Kudernatsch & die Metzgerstochter:
Rache ist Blutwurst
Originalausgabe - Februar 2007
BestellNr.: PHR 1253

Lektorat: Brenda und Enno Ennersen
Titelbild: © Janja und Jan
Autorenfoto Kudernatsch: Sven Gatter
Foto ‚Die Wurstscheibe': Marko Barth
Umschlaggestaltung: Oliver Baglieri
Satz & Layout: Edding van Groo, Utrecht (NL)
Druck & Bindung: Schaltungsdienst Lange o.H.G., Berlin

Edition PaperONE
c/o Oliver Baglieri
Pfeffingerstr. 24
04277 Leipzig
www.EditionPaperONE.de

ISBN 978-3-939398-41-7

Kudernatsch
& die Metzgerstochter:

Rache ist Blutwurst

Gedichte zum Fressen

für eine Metzgerstochter:
Viel Spaß beim
Schlachten!

22 / 9 / 12

Für den Bürger Kuder Dieternatsch
und für alle, die ihr Wurstbrot immer
brav aufessen

*Einige Gedichte sind bereits im Ersten Buch der Wurst
(„Alles Wurscht. Reime gegen Käse") erschienen. Danke für
die freundliche Genehmigung des Fünf Finger Ferlags (FFF).*

Inhaltsverzeichnis

Es blüht die Wurst nur kurze Zeit,
die Freundschaft blüht in Ewigkeit.

(Wilhelm Busch)

Die Wurst kommt

Des Deutschen liebstes Kind ist die Wurst.
Das heißt aber nicht, dass die Deutschen Kinder zu Wurst
verarbeiten. Es gab schon vieles, aber das noch nicht. Die
Deutschen schlachten einfach gern. Deutschland, einig
Wurstkesselland! Wir sind Wurstweltmeister mit 1.500
Wurstsorten.[*]

Wenn es um die Wurst geht, stehen sich regulär Mensch
und Tier gegenüber. Aus dem einen wird die Wurst
gemacht, in den anderen kommt sie hinein. Das ist klar
wie Wurstsuppe. Das ist der Sinn beim Schlachtefest, das
es überall bei uns gibt, ob nun wie in Thüringen Hunde
geschlachtet werden oder wie an der Nordsee Seehunde.
Nur wenige können nicht beim Schlachten mitmachen,
weil ihnen die Basiszutat fehlt. So ist es zum Beispiel
nicht möglich, wenn's Schweinfurt ist. Oder, um den
Blick über den Wurstellerrand zu wagen: Oxford. Das
ist in England – und man spricht in diesem Falle vom
„Wurst-Case-Szenario".[**]

Schon sind wir in einem fernen Land, das wir aber
schnell wieder verlassen möchten. Denn wer Wurst auf
ungetoastetes Toastbrot legt, Käse darüber packt und sich
das als „Sandwich" schmecken lässt, was soll man von
dem halten? Blicken wir vom fernen Land lieber in eine
ferne Zeit, die man am besten mit „einst" umschreibt,
wenn man nur Wurst und keine Historie im Kopf hat.
Einst genoss bereits Odysseus Wurst und überstand seine
Odyssee nur, weil er Fleischteilchen in Ziegendärmen
dabei hatte. Bifi gab's damals noch nicht.[***]

---

[*] Mal sehen, wie viele Sorten wir jetzt in diesem Buch schaffen, bis uns die Wurst zu
den Ohren heraus kommt.
[**] Das sieht so aus: Die betroffenen Engländer skandieren dann zwar wütend: „Eat
Meat!" Jedoch ändern sie an der rinderlosen Situation nichts. Nicht umsonst leitet
sich das englische Wort für Feigling („Coward") direkt von „Cow" ab.
[***] Selbst wenn! Dann hätte Odysseus erst mal eine Tanke unterwegs finden müssen,
um sich mit Bifi eindecken zu können.

Seit Jahrtausenden essen wir alle Wurst, um uns im übertragenen Sinne wie Odysseus für die Fahrt durchs Leben zu stärken. Die muss nicht nur auf den Meeren stattfinden, sie kann auch die Landstraße durch Kleinobringen nehmen.

Im Mittelalter verspeisten die Menschen viel mehr Wurst als heute. Trotzdem wurden die Wurstbestände, über die man damals verfügte, nicht komplett verbraucht. Die Mittelalterfrauen und Mittelaltermänner haben die einfach nicht geschafft. Daher kommt heute die alte Wurst – so wie alte Musik.

Ein großer alter Vielfraß in der Geschichte war Otto von Bismarck. Der spachtelte Würste weg, bis ihm schlecht war. Am nächsten Tag konnte er kaum etwas zu sich nehmen – nur komische Dinge wie Rollmops. Genau das ist von ihm geblieben: der Bismarck-Hering. Aber keinerlei Wurst, die ihn viel mehr geziert hätte.

Längst schmücken sich viele Menschen mit Wurst. Frauen glänzen dank Wurst und sehen jünger aus. Das funktioniert so: Wenn Wurstkonserven gammeln, entsteht ein Wurstgift namens Botulinumtoxin, kurz Botox. Filmstars lassen sich das gegen Falten spritzen, und bei manchen Frauen sieht man das sehr deutlich. Daher kommen die Begriffe „Wurstgesicht" oder „Fettauge".

Aber empfinden solche Damen auch nur die geringste Schuld, wenn sie in die nächste Wurst beißen? Wir alle könnten viel mehr Wurst essen, wenn die High Society sie sich nicht ins Gesicht drücken ließe.[*]

Wurst sollte nicht derart künstlich missbraucht werden, sie muss ihren Platz in der wahren Kunst einnehmen. Da gibt es Nachholbedarf: In Stillleben darf Wurst nie mitmachen – Obst, Gemüse und ein toter Fasan oder ein Reh, das flink noch seine Rübe rein hält, das war's. Später malte Andy Warhol die Banane, warum nicht die Bockwurst?

---

[*] Wenigstens soll durch die Botox-Spritzen künstliche Intelligenz bei den Anwenderinnen entstehen, wenn Hirn in der ursprünglichen Wurstkonserve verarbeitet wurde.

Ein Schritt in die richtige Richtung ist die aktuelle Idee hipper Designer, Wurstteppiche herzustellen – runde Dinger, die wie riesige Wurstscheiben aussehen, aber unbezahlbar sind. Darauf können sich letztlich allein die Botox-Frauen räkeln und die Flusen rauszupfen, um sich damit die Stirn einzureiben.

Die Wurstkunst hat große Defizite bis in die Literatur hinein.[*] All die großen Literaten liebten Wurst und konnten ihr nicht widerstehen. Aber sie standen nie zu ihrer Liebe.

Daniel Defoe war Sohn eines Fleischers, verbreitete sich aber lieber über Schiffsbruch, Kannibalismus und Wochentage. Kafka war dem Duft frischer Wurst verfallen, aber verwandelte sich sein Gregor in eine Riesenwurst? Nein, in einen bekloppten Käfer. Jean-Paul Sartre klagte, in seinem Leben zu viel Wurst gegessen zu haben. Doch hat er unter Magenkrämpfen einen Wurstroman geschrieben? Natürlich nicht! Goethe mochte Wurst – und schrieb nicht den Wurstkönig, sondern den Erlkönig.[**] Schiller liebte Wurst – und packte keine Wurstscheibe, sondern einen faulen Apfel in seinen Schreibtisch. Nietzsche ließ sich Fresspakete mit Wurst schicken, doch rief er: „Wurst ist tot"? Nein, oh Gott!

Allein Männer wie Wilhelm Busch und Heinz Erhardt widmeten sich dem Objekt – leider nur zaghaft und nicht so umfassend, wie die Wurst es verdient hätte. Mancher Herbert, mancher Stephan hat ein Lied für sie gesungen, doch nur halbherzig. Es muss mehr aus ihr gemacht werden als eine Ware, als ein bloßes Nahrungsmittel, in welchem man schnelle Befriedigung sucht und findet. Wurst wird prostituiert, dabei ist sie Poesie.

Bis in die Gegenwart reicht das Defizit. Denkt nur an Stefan Raab. Er ist gelernter Metzger. Doch macht er Wurst? Nein, Fernsehen. Auch bei Entertainern wie Kurt Krömer beschränkt sich die Verwurstung auf einen einzigen geklopften Spruch: „Hackepeter wird Kacke später." Damit ist nicht alles gesagt.

---

[*] Kochbücher und Wurstrezepte gelten nicht.
[**] Dabei wäre es so einfach gewesen, wie Ihr nachher in diesem Buch lesen könnt.

Es ist es an der Zeit, der Wurst zu ihrem Recht zu verhelfen, ihr den Weg hinaus aus der literarischen Bedeutungslosigkeit zu ebnen. Wir führen sie in so vielen Redewendungen im Munde, wir verdauen sie in einem Kreislauf – Wurst wird am Ende wieder zu Wurst – aber wir denken nicht über sie nach.

All die Jahre hat sie stillgehalten, nie den Mund aufgemacht und ihr Schicksal ohne Protest erduldet. Lobby hatten immer nur die anderen. Immer noch gilt Käse als fein, obwohl er nur angegammelte Milch ist. Wurst hingegen hat ihr deftiges, bäuerliches Image nie aufpolieren können. Was glänzt, ist allein das Fett!

Damit ist jetzt Schluss. Denn sie hat Freunde: Wurstesser, die um ihre wahre Bedeutung wissen und denen sie nicht länger egal ist. Wir machen die Wurst salonfähig, wir helfen ihr aus der Pelle der sozialen Verzweiflung, wir nehmen sie vom Haken, wir holen sie aus den Ecken des Kühlraums ins Licht. Wir reden erst über sie und essen sie dann. Um es mit einem abgewandelten Brecht zu sagen: „Erst kommt die Moral, dann das Fressen."

Nach langer Zeit wird die Wurst nun ausgepackt und angepackt. Denn es steckt endlos viel in ihr drin.[*] Bei dem einen oder anderen, der immer nur über sie spottete, wird sie ihren Tribut fordern. Rache ist Blutwurst! Wir sagen: Wurstesser aller Länder, vereinigt euch.[**]
Ran an den Speck!

Kudernatsch und die Metzgerstochter
Februar 2007

---

[*] Wer kann schon allein die genaue Anzahl der Tiere beziffern, die in einer einzigen Wurst aufeinander treffen?
[**] Und damit zeigen wir, dass wir nicht auf der Wurstsuppe her geschwommen sind.

DER NEUE PELLE-KATALOG IST DA.

KLASSISCH ELEGANT:
DER ZARTE SAITLING
29.⁹⁰

EDLER TEIGMANTEL
FÜR KALTE
WINTERSPAZIERGÄNGE
149.⁹⁰

PREISHIT:
NATURDARM
(GETRAGEN)
99.⁹⁰

SCHÄLDARM AUS
ERSTKLASSIGER CELLULOSE
69.⁹⁰

meine

PELLE.

HERBST/
WINTER-
KOLLEKTION.

Heute im Angebot

Schweinswurst

Leber Leber

Ich bin der, der die Wurst verteidigt.
Leberwurst war nie beleidigt.
Man sah sie wirklich niemals heulen
Oder sich vor Kummer beulen.

Auch kann mir keiner hier verkaufen:

Dass Läuse über Leber laufen,
Männer sie direkt versaufen,
Lebern und nicht Eber raufen
Um große Leberknödelhaufen,
Eltern Leberhardse taufen.

Es einem an die Leber geht,
Sich alles um die Leber dreht,
Man Leber voll in Leber steht
Und nach der Leberparty späht.

Die Leber mit Kleber rasch verdichtet
Und Leber mal auf was verzichtet.

Lebertran hilft beim Genesen
Von sogenannten Leberwesen.

Der Leberaufstand gar nichts brachte,
Max Leber sich ins Fäustchen lachte.

Sich alle an die Leber fassen
Und rufen: „Lebern und Lebern lassen!"

Da rümpfe ich nur kühn die Näse:
Das ist doch alles Leberkäse!

Leberwurst

Leberwurst, ob grob, ob fein,
Ist aus klein gehacktem Schwein,
Und ist die Leberwurst mal grau,
War's eben eine alte Sau.

Schinken

Auf dass er rot und saftig ist
Und man ihn wirklich gerne isst,
Lässt mancher Fleischer seinen Schinken,
In der Garderobe heimlich schminken.

Speck

Kaufst du 100 Kilo Speck,
Nutze dafür einen Scheck.
Soll'n's gar 100 Tonnen sein,
Verkauf schon mal dein Eigenheim.

Zwei Schweine

Zwei Schweine redeten ganz toll
Und plauderten voll Lust,
Was aus ihnen werden soll.
Ach, das ist doch Wu*st.

Ein armes Würstchen[*]

Ein armes Würstchen
Ist echt arm.
Es hat nur sich
Und seinen Darm.

Beim Schlachtefest

Beim Schlachtefest, das muss so sein,
Ist die Hauptperson ein Schwein.
Doch käme es mal andersrum,
Wäre es nicht schade drum.

Zumindest aus der Sicht der Schweine,
Das sag' ich euch, es ist nicht meine.

Die Schweine würden Schnäpse saufen,
Rumkrakeelen und auch raufen.
Würste hingen an der Schnur,
Bauernsalami, sag' ich nur,
Oder Großmutter ganz nett,
Mal nach Großmutters Rezept.

---

[*] Was für eine Perspektive hat so ein Schwein? Gut, es könnte Gitarre spielen lernen. Aber bevor es sein Saitenspiel perfektioniert, wird es sowieso geschlachtet und in den eigenen Darm hinein gepresst. Solchen Aussichten deprimieren. Da ist Herbst im Gemüt!

Mmh...
DER SOMMER
IST DA.

Schweinebauch

Jeder Fleischer wird beachtet,
Hat er Frischfleisch frisch geschlachtet.
Dann hat er nicht nur Schweinehäute,
Da stapeln sich bei ihm die Leute.

Die Kundschaft drängelt sich herein,
Ein dicker Mann will erster sein.
Der Dicke ruft: „Ich will auch
Noch etwas vom Schweinebauch!"
Der Fleischer sagt:„Ja, guter Mann,
Stell' dich trotzdem hinten an!"

Gut 20 Leute stehen an,
Der Dicke ist noch lang nicht dran.
Trotzdem ruft er: „Schweinebauch!"
„Mann, du stehst wohl auf'm Schlauch!"
Raunzt ihn da der Fleischer an,
„Hinten fängt die Schlange an!"

Langsam wird der Laden leer,
Das betrübt den Dicken sehr.
„Schweinebauch!" hört man ihn brüllen.
„Ja, geht's denn hier nach deinem Willen?"
Brüllt laut zurück der Fleischersmann.
„Du bist als Übernächster dran!"

Der Dicke wartet, wird bedient,
Während alles um ihn grient.
„Schweinebauch will ich jetzt haben!"
„Ach, das würde ich nicht sagen",
Sagt der Fleischer: „Du kriegst keinen,
Mit deiner Wampe haste schon einen!"

Das Bullenschwein[*]

Ein Bullenschwein, ein Bullenschwein –
Was für'n Tier soll das denn sein?
Vorne Bulle, hinten Sau?
Ja, wer weiß das schon genau?
Hat es Hörner oder keine?
Hat es starke Bullenbeine?
Hat es eine Schweineschnauze?
Oder eine Schweineplauze?
Ist es voll mit Schweinehaaren?
Wen bespringt es wohl beim Paaren?
Das Bullenschwein, es treibt es bunt
Sicher mit dem Schweinehund.
Was der nun ist, das fragt mich nicht,
Das ist ein anderes Gedicht.

---

[*] Dieses Gedicht konnte ich bei einer günstigen Gelegenheit dem Schauspieler Andreas Schmidt-Schaller („SOKO Leipzig") vortragen. Der hat nicht schlecht geguckt und versucht, sich mit einem Liedtext aus seiner Kindheit zu revanchieren, in dem der Maiskolben als beste Wurst der DDR angepriesen wird – obendrein als Wurst am Stengel. Das war zu einer Zeit, als alle DDR-Rinder in Rinderoffenställen gestorben waren. Naja, Andreas Schmidt-Schaller ist dennoch groß geworden. Er hat es aus dem „Polizeiruf 110" (da war er Leutnant Gräwe) in die Gegenwart geschafft.

Let's Party!

Cocktailwürstchen lassen's krachen,
Wenn sie 'ne Würschtelparty machen
So mit Häppchen und mit Sekt,
Allem, was den Typen schmeckt.

Ein DJ mit den neuesten Scheiben*
Peitscht es an, das wilde Treiben.
Fette Beats und Sausage-Rock,
Darauf haben alle Bock.

Sie hotten und sie dancen,
Bis ihre Leiber glänzen.
Sie fangen an zu schwitzen,
Sie haben einen sitzen,
Sie checken all die Schnecken,
Die sie später decken.

Sie haben Drinks mit Chickenwings,
Sie grüßen alle, rechts und links,
Ob glatt oder mit Schniepel. –
Hello Party-People!

Cocktailwürstchen sind die Checker,
Und obendrein sind sie auch lecker.

---

*Eine solche satte Schlachteplatte ist der Sampler „Drei Farben Wurst", der sich sogar
gratis und legal aus dem Internet unter www.drei-farben-wurst.de runterladen lässt.

FOTO: JANJA UND JAN

Schwarten-Herbert

Schwarten-Herbert lässt es krachen,
Und überm Bauch, da spann'n die Sachen.
Zu jeder Frau sagt er: „He, warte!
Ich zeige dir jetzt meine Schwarte."
Doch was er zeigt, das Herbert-Hänschen,
Das ist sein kleines Ringelschwänzchen.
Und was sagt dazu dann die Frau?
„Herbert, du bist eine Sau!"

Ich glaub', mein Schwein pfeift[*]

Hphü hphü phuiiiii,
Hphü hphü phuiiiii,
Hphü hphü phui phui .
hphü hühü phuiiiiii,
Hphü hphü phuiiiii,
Hphü hphü phuiiiii.
Hphü hphü phui phui.
Gqrrrrrrrrr.

---

[*] Hui, jetzt wird es schwierig. Das ist eine Mitmach-Nummer. Schließt Euch mit Eurer Lieblingswurst im Klo ein und bietet ihr laut dieses Lied dar.

Wurstpost (1)
Zugesteckt und Zugeschickt[*]

Falk Fiedler:
Die Schweine

Die Scheine werden heut' sortiert,
In gute und in schlechte.
Die guten können am Leben bleiben.
Die schlechten kommen zum Schächten.

Matthias Haase:
Schweinswürstel

Der Eber sprach zu seiner Frau:
„Du quiekst beim Sex, du alte Sau!"
Sie grunzt frivol: „Du magst es zart?
Da wird doch nie dein Eber hart."

Korinna Leonhardt:
Die Wurst an sich

Die Wurst, an sich ein tolles Ding,
Wenn ich sie mit nach Hause bring'.
Beim Fleischer lag sie nur so da,
Zuhause ich sie nicht lange sah.

---

[*] Seit 2004 bin ich mit den Wurstgedichten unterwegs. Dieses Thema inspiriert die Menschen und rüttelt sie wach. Endlich nicht mehr nur Käse im Leben! Unentwegt werden mir Wurstgedichte, Wurstweisheiten und neueste wurstige Entdeckungen gemailt, geschrieben und zugesteckt. In der „Wurstpost" möchte ich einige dieser Wortmeldungen veröffentlichen. Ihre jeweiligen Verfasser haben das gern erlaubt. Dankeschön. Und nun: Die Kundschaft hat das Wort…

Bastian Salier:
Wie?

Wie schaff ich's, dass ich Mechthild bürste?
Wenn ich das nur würste!

Da Kuda:
Im Schlachthof

Treffen sich ein Schweinekopf und eine Hähnchenkeule.
„Und, haste heute schon was vor?" fragt die Keule.
Antwortet der Schweinekopf:
„Ach nee, ich gammle so rum."

Heinz Rilke:
Werbespruch der Fleischerei Obst,
entdeckt in Halle/Saale

Hunger macht böse!

Da Kuda:
Dialog an der Wursttheke

- Suchen Sie was Bestimmtes?
- Ja, Streit.

STOPPT YUPPIE-KOST AUS FERNOST.

JETZT NEU: DAS VOLKS-SUSHI

27

Rindswurst

Salamibrot[*]

Salamibrot, Salamibrot,
Ein Rindvieh ist deswegen tot.
Es liegt nun da, in Scheiben geschnitten,
Haltbar bis zum achten Dritten.
Darum war's im Angebot:
Salamibrot, Salamibrot.

Das Rindfleisch liebt das Schweinefleisch

Das Rindfleisch liebt das Schweinefleisch
Und fragt: „Max Fleischer, kannste v'leischt
Was für uns tun, du alter Sack?"
„Na klar", sagt der, „Gemischtes Hack!"
Und vermählt sie brav sogleich.

Rindswurst

Rindswurst soll man nicht beklagen.
Ja, die darf ruhig Flecke haben.
Rindswurst hilft gut beim Verdauen.
Das heißt bei Rindern Wiederkauen.
Rindswurst macht laut „Gong" und „Bumm"?
Dann hat sie noch die Glocke um.

---

[*] Zuerst war das Salamibrot länger haltbar. Dann musste ich es umdatieren, da es in einem Kalender abgedruckt wurde. Als Kalendermacher hätte ich allerdings am 8. März ein Gedicht zum Frauentag vorgezogen.

Rinder statt Inder[*]

Die Rinder riefen laut „Juhu",
Als einst die große CDU
Rinder statt Inder verlangte
Und sogleich manche Kuh bangte,
Keinen der neuen Jobs zu kriegen
Und weiterhin nur Fliegen
Mit dem Schwanz zu vertreiben.

R und K sind sich schon ähnlich,
Kühe sind gar nicht so dämlich,
Aber Lesen fällt ihnen schwer.
So lasen sie statt K das R.
Und auf mancher Weide warten
Kühe auf die grünen Karten
Für den Job bis heute.

Ein paar haben's mit Ach und Krach
Ohne in die Industrie geschafft,
In den Verwaltungsapparat,
In die Partei'n, den Magistrat.
In manchem Büro der CDU
Sitzt heute eine fette Kuh
Und kocht Kaffee.

---

[*] So ungefähr wünschte es sich Jürgen Rüttgers im Jahr 2000. Wenn sich „Kuh" auf „CDU" reimt, wie wäre es mit „Gnu" auf „CSU" oder mit „Reh" auf „SPD"?

Pferdewurst

Das Glück dieser Erde
Liegt im Rückenfleisch der Pferde.

Erst wurdest du geritten,
Dann hat man dich zerschnitten.

Eine brave, alte Stute
Traf auf der Wiese eine Pute.
Da sprach die Pute: „Magst du raten?
Wer wird von uns als erster braten?
Sicher ich – denn ich bin lecker
Und nicht so'n alter Ackertrecker!"
Die Stute schiss ihr auf den Kopf
Und landete zuerst im Topf.

Zwei kleinen Bauernjungen,
Den'n ist ein Ross entsprungen.
Sie fanden es nicht wieder
Und singen nun darüber.
Ihr müsst mal darauf achten,
Meistens zu Wei-hei-nachten.
Bringt das Ross doch schnell herbei,
Ob Wurst, ob ganz – ganz einerlei.
Denn das wär' ein großes Glück,
Dann nähmen die ihr Lied zurück.

DIE RETRO-WELLE NIMMT KEIN ENDE.
JETZT WIEDER IN JEDEM KINDERZIMMER:
DAS PUTZIGE CEVAPCICI.

Tipp für Vegetarier

Statt dich mit Pferdewurst zu mästen,
Kannst du ja Pferdeäpfel testen!

Hühaho

Hühaho, die Pferdewurst,
Die will ich nicht probieren.
Hühaho, die Pferdewurst,
Sonst fang' ich an zu wiehern.

Hühaho, die Pferdewurst,
Die will ich nicht probieren.
Hühaho, die Pferdewurst,
Sonst werd' ich galoppieren.

Hühühühühüüüüü

Hühaho, die Pferdewurst,
Die weckt den Hengst in mir.
Es liegt echt an der Pferdewurst,
Ich kann nichts dafür!

Pferdewurst, die ess' ich nicht

Pferdewurst, die ess' ich nicht,
Da spring'n mir Gäule ins Gesicht:
Black Beauty oder Rosinante,
Fury und auch kleine Tante,
Kleiner Onkel meine ich.
Nee, Pferdewurst, die ess' ich nicht.

Pferdewurst wird mir nie schmecken,
Ich sehe da die alten Recken:
Lucky Luke und Winnetou,
Flipper, ich mein' Cat Ballou
Mit Pferden und mit Pferdedecken.
Nee, Pferdewurst wird mir nie schmecken.

Pferdewurst ist kein Genuss.
Das gleiche gilt für Pferdekuss.
Ich selbst wurde schon angeplärrt:
„Kudernatsch, du bist ein Pferd!"
Als Dichter mag ich Pegasus,
Drum macht mit diesen Würsten Schluss!

Häppchen (1)

Mortadella im Propella
Macht den Flieger niemals schnella.

Veganer sagen kurz und gut:
Wo keine Wurst ist, ist kein Blut!

Wenn Schweinshaxen steppen,
Können Hackfressen rappen!

Sojawurst hat keinen Sinn,
Da ist ja nur Soja drin.

Nicht jeder Metzger ist ein Schwein.
Mancher kann auch freundlich sein.

Guckt das Kälbchen belämmert,
Hat sich der Fleischer verhämmert.

Wenn das Jägerschnitzel mag,
Geht es morgen mit zur Jagd.

Nur Versager
Essen mager.

Wo das Fleischpflanzerl wächst,
Ist der Boden verhext.

Will man einem Huhn ans Leder,
Meint man meistens doch die Feder.

Geflügelwurst[*]

Putenaufschnitt

Wissen Sie, das Gute
An Aufschnitt von der Pute
Ist das Fehlen von Fleisch vom Schwein,
Sonst würd's ja keine Pute sein.

Hühnchen klein

Ist ein Hühnchen mal sehr dick,
Wird daraus ein Chicken-Stick.
Schlägt ein Hühnchen laut Tamm-Tamms,
Hat es straffe Chicken-Drums.
Ist ein Hühnchen winzig fein,
Macht man daraus Hühnerklein.
Ist's noch kleiner, lohnt die Mühe,
Wird daraus 'ne Hühnerbrühe.
Und sieht man es dann gar nicht mehr,
Bleibt der Einkaufswagen leer.

Chicken-Salami

An Salami von Chicken
Kann man schnell ersticken,
Denkt man zurück, wie sie einst gackerten
Und im Garten kackerten.

[*] Da ich keine Geflügelwurst mehr esse (was sich im Gedicht „Wenn die Keulen heulen" erklärt), wurde dieses Kapitel komplett übernommen aus dem Ersten Buch der Wurst „Alles Wurscht. Reime gegen Käse" (2005). Mit freundlicher Genehmigung des Fünf Finger Ferlags (FFF).

Wenn die Keulen heulen

Ich hörte Hähnchenkeulen heulen:

„Ach, was ist das Leben doof.
Früher war'n wir auf dem Hof
Und konnten kratzen, Hühner treten.
Heute können wir nur beten,
Dass uns keiner frisst.
Das Leben ist echt Mist!"

Ich lief zum Kühlschrank, sprach hinein
Und meinte dabei jedes Bein:

„Das Essen ist mir jetzt vermasselt
Wenn ihr solchen Blödsinn quasselt.
Ihr seid nun nicht mehr dran am Gockel.
Ihr seid abmontiert vom Sockel!
Und bevor ihr wieder flennt:
Ich hab's kapiert, ihr lebt getrennt!"

Dann sprachen wir bis in den Morgen
Über ihre Trennungssorgen.

Ich öffnete dazu einen Wein
Und schenkte auch den Beinen ein.
Sie wurden betrunken immer kühner
Und nannten sich selbst das Beste der Hühner.
Sie diskutierten wild herum
Und wurden müde, fielen um.

Ich schob sie mir dann einzeln rein,
Und so mit Wein war das sehr fein.

MOULIN ROUGE. 23:30 UHR:
GINAS AUFTRITT WAR MAL WIEDER VORTREFFLICH.

Wurstpost (2)
Zugeschickt und Zugesteckt

Volksmund:[*]
Fleischhacker

Lustig und wacker
Sind die Fleischhacker.
Auf Gott tun sie vertrau'n,
Und auf die Ochsen tun sie hau'n.

Zeppelin[**]

An Pfingsten kam gefahren
Ein Mann von siebzig Jahren.
Der saß in einer Gelbwurst drin,
Das war der Reichsgraf Zeppelin.

Wanderlied

Wem Gott will rechte Gunst erweisen,
Den schickt er in die Wurstfabrik,
Den lässt er in die Knackwurst beißen,
Und wünscht ihm guten Appetit.

---

[*] Auf die folgenden drei Gedichte bin ich auf der Internetseite
www.fleischwirtschaft.de gestoßen, die mir von Fleischern und Wurstessern
empfohlen wurde. Die Fleischwirtschaft muss ja viel Zeit haben, wenn sie nebenbei
noch dichten kann.
[**] Das soll ein Kindervers aus der Zeit der Ersten Internationalen Luftfahrtausstellung
von 1909 sein. Heute kann jedes Kind eine Gelbwurst fliegen lassen. Einfach vom
Teller nehmen, ausholen – und los! Zur Gelbwurst folgt später noch eine schöne
Zusendung.

Johannes „re1" Müller:
Wurstgedicht Nr. 3 (Für Bärchen)

Ob Schwein, ob Rind, ob Pferd,
Sie alle sind es wert,
Zu Wurst gemacht zu werden.

So ess' ich jeden Tag
Die Wurst, die ich so mag,
Besonders die von Pferden.

Johannes „re1" Müller:
Wurstgedicht Nr. 2

Schinkenwurst in Scheiben
Sollte man sich einverleiben!

Johannes „re1" Müller:
Wurstgedicht Nr. 1

„Auf deinem Brot liegt der Tod!"
Spricht der Wurstverneiner Rainer,
„Wie man das nur essen kann?"
Er schaut mich tadelnd-fragend an.
Ich sag': „Wenn man's genau betrachtet,
Das Tier wär' sonst umsonst geschlachtet!"

Extrawurst

Bärchenwurst*

Bärchenwurst, oh Bärchenwurst,
Wird von Kindern oft verachtet.
Bärchenwurst, oh Bärchenwurst,
Weil man Teddies dafür schlachtet.

Hörst du?

Hörst du die Zungenwurst was sagen?
Siehst du die Jagdwurst jemals jagen?
Oder die Plockwurst etwas plocken?
Dann eher noch die Bockwurst bocken!
Neue Würste braucht das Land –
Und ein bisschen mehr Verstand.

Zu viel Gesülze

Eine Sülzwurst ist sehr dumm,
Sie sülzt immerzu nur rum,
Sie wird alle schrecklich nerven,
Ich werd' sie in den Abfall werfen.

---

* Bärchenwurst ist sehr wandlungsfähig. Ein Marktleiter, der unerkannt bleiben möchte (Kennt Ihr Dirk?), schrieb mir dazu: „Wir hatten sogar Halloween-Bärchenwurst im Sortiment. Leider kann man diese nur kurze Zeit verkaufen. Im Moment arbeiten wir sie um zu Weihnachtsmann-Bärchenwurst. Die Reste bekommen im nächsten Jahr Hasenohren. Ja, wir Händler sind flexibel!" Genau, und wenn die Bärchenwurst schon grün wird und sich wellt, geht sie immer noch als Alien-Bärchenwurst durch.

Die Rotwurst und die Zungenwurst

Die Rotwurst und die Zungenwurst
Liefen durch den Wald.
Keiner hatte sie gekauft,
Sie waren schon zu alt.

Die Rotwurst und die Zungenwurst
Bestiegen einen Gipfel.
Selbst aus der Ferne sah man
Da deutlich ihre Zipfel.

Fleischwurst

Die Fleischwurst will ins Wasser geh'n,
Denn sie fühlt sich schizophren.
Sie ist Fleisch und Wurst dazu,
Täglich fragt sie sich: „Und nu'?"

Die Fleischwurst will ins Wasser geh'n,
Denn das Leben ist nicht scheen.
Fleisch oder Wurst – das ist die Frage
Und für die Fleischwurst eine Plage.

Die Fleischwurst will ins Wasser geh'n,
Das kann ein jeder gut versteh'n.
Und bevor man weiterdenkt,
Hat sich die Fleischwurst aufgehängt.

Mett

METT, das gibt es überall,
Denk' doch nur mal an METTall.
Selbst in den Bergen liegt es vorn,
Bestimmt kennst du das METTerhorn.

Die Kultur stellt es gern an,
Da singt es schön METTzosopran.*
Zu Weihnachten wird's noch viel fetta,
Da schmückt man alles mit LaMETTa.

Einst – ganz sicher – freute sich
Darüber der Fürst METTernich.
Auch Muslime finden's nett,
Sonst hießen sie nicht MohaMETT.

Selbst die Alten schätzen – ehm –
Ihren Chef METThusalem.
Soviel zum METT im kurzen Raffer,
Es dient als fettige METTapher.**

---

* Etwa in dieser berühmten Oper in New York, die – wen überrascht das? – ebenfalls
„Mett" heißt, wie Kulturfreunde sicherlich bestätigen können.
** Ein alternatives Ende für alle, die es rockig mögen: „Und brummt dir jetzt der
Schäddel/ dann war's zu heavy METTal!"

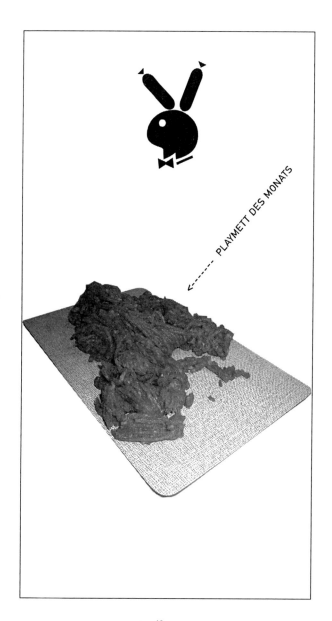

PLAYMETT DES MONATS

Gemecker

Ein Ziegenbock, der ist schon wer,
Der kritisiert die Bockwurst sehr:
„Icke krieg' hier voll den Schock,
Die hat ja nischt von einem Bock.
Kiekt das Ding mal richtig an:
Da sind gar keene Hörner dran!"
So meckert er ganz bockig.
Die Bockwurst nimmt es flockig.

Ein B nur

Ein B nur ist es mehr,
Sonst begänn Bratwurst mit R.
Dann dürfte sie klug raten
Und müsste nicht mehr braten
Und landete nicht bei uns im Bauch,
Sondern als Ratwurst bei Günther Jauch.

Oma Hansen

Oma Hansen
Kaufte Pansen,
Merkte dann beim Happen-Pappen:
„Das schmeckt ja wie ein alter Lappen!"
Sie ging ins Bad und schaute nach
Dem Blümchenlappen, ach,
Der war nicht da – „Du meine Güte!" –
Dafür stand dort die Einkaufstüte.

Währungsumstellung im Handwerk

Mag er Reste sonst so sehr,
Die D-Mark nimmt kein Fleischer mehr.
Doch hat das schöne, neue Geld
Den wesentlichen Blick verstellt.
Achtet drauf beim Knochenbeißen:
Auch Knochenmark muss Euro heißen.

Director's Cut

Der Kunde hat den Kleister,
Wenn der Fleischermeister
Selbst Wurst geschnitten hat,
Denn die ist dann Director's Cut.
Das macht den Preis gleich dreister.

Der Kreislauf*

Jetzt mal ehrlich – ohne Scheiß –
Bei jeder Wurst schließt sich ein Kreis.
Mach' ich einer den Garaus,
Kommt sie hinten wieder raus.
Als Gülle ziert sie kalt das Feld,
Dieses wird schon bald bestellt.
Mit Grünzeug, das das Viehzeug frisst,
Bis es wieder wurstig ist.
So kommt meine Wurst zurück.
Ist das nicht ein großes Glück?

---

* Verzeihung, doch tatsächlich ist der Verfasser-Freundin zuerst die simple „Kackwurst"
eingefallen, als sie von diesem Buch erfuhr. Sind alle Frauen so? Ich habe der
Versuchung widerstanden. Dieses Gedicht ist das einzige, das sich dieser speziellen
Wurst ein wenig nähert.

Wurst ohne Namen

Man grübelt sehr,
Wie man benennt
Eine Wurst,
Die man nicht kennt.
Sollte man
Sie Manfred heißen?
Doch wer will schon
In Manfreds beißen?
Auch eine Wurst
Mit Namen Paul
Nähme man wohl nicht ins Maul.
Wie wäre es mit Waldemar?
Oder Horst – das klingt so klar.
Wie steht's um Detlef oder Jens,
Der da so schön fettig glänzt?
Oder Friedrich
Wäre niedlich,
Oder Lutz,
Die Wurst mit Trutz,
Oder Otto
Mit dem Motto
„Find' ich gut" –
Das hat schon wer?
Wurst benennen, ist echt schwer.
Doch in Lettern voller Glanz
Sehe ich den Namen Hans.
Hans Wurst – das hat Tradition
Von Großpapa bis Enkelsohn.

HANS WURST

FRED PERRY IST KÄSE.

Wurstpost (3)
Zugesteckt und Zugeschickt

Rammwurst:*
Der Wurstwasserhahn

Ich wache des Nachts auf und habe Durst,
Besonders auf das Wasser einer Bratwurst.
Ich dreh' den Wasserhahn auf,
Doch es kommt nur Leitungswasser raus.

Refrain:
Oh, ich hätt' so gern einen Wurstwasserhahn,
Der mir des Nachts meinen Durst löschen kann.
Oh, ein Wurstwasserhahn, das wäre toll.
Ich sauf' mich bis zum Kotzen voll.

Ich nehme einen Schluck Leitungswasser,
Es schmeckt nach nichts, so leer.
Das gefällt mir nicht sehr.
Voll Wut schmeiß ich die Tasse gegen die Wand,
Ein Wurstwasserhahn muss her, das hab' ich erkannt.

Refrain

Sofort ruf' ich das Wasserwerk an,
Frag', ob man das nicht ändern kann.
Ein Wurstwasserwerk wäre famos,
Doch wie mache ich das bloß?

Refrain

Das Wasserwerk will nicht versteh'n,
Sie sagen mir: „Das kann nicht geh'n!"
Doch vor mein Haus bau' ich einen Adapter an,
Was eine Wurstwasserleitung nicht ausrichten kann.
Ich baue eine Konstruktion,
Mit ein paar Würsten klappt das schon.

---

* Rammwurst gilt als die einzige Wurst-Metal-Band und soll sich mit Vorliebe
Blutwurstwasser hingeben.

Refrain

Ich starte die Apparatur, und ich glaub',
Dass ich nicht richtig schau',
Das Wurstwasser – es ist blau!
Gefärbte Würste, welche Schmach,
Erst sind sie blau, was kommt danach?

Häppchen (2)

Soll Tee in deiner Teewurst sein,
Drück' einen Teebeutel hinein.

Soll die Dauerwurst lang dauern,
Musst du sie im Haus einmauern.

Soll die Weißwurst echt was wissen,
Leg' ihr den Duden unters Kissen.

Die Gelbwurst wird 'ne richtig Gelbe,
Tunkst du sie dreimal in die Elbe.

Lachsschinken schmeckt erst dann nach Fisch,
Ist er seit Wochen nicht mehr frisch.

Rauchwurst ist nicht zu gebrauchen,
Die will immerzu nur rauchen.

Ist der Gulasch im Gulag,
Hat er echt'n schlechten Tag.[*]

In der Schlackwurst steckt viel Schlacke,
Doch lieber die als kalte Kacke.

Die Blutwurst, die sucht Blutsverwandte,
Also Oma, Mama, Tante.

---

[*] Noch schlechter geht es dem Gulasch nur, wenn er in Kantinen als „ETW mit WUGU" angepriesen wird. Das steht mit Kreide auf Tafeln geschrieben und bedeutet: „Eierteigwaren (also Nudeln) mit Wurstgulasch".

Käsebeißer

Käse ist bäse

Käse klingt stets negativ,
Schon Käsereiben reiben schief.
Käsebeißer müssen beißen
Und junge Würste blutig reißen.

Käsefüße stinken grausig,
Käsekrümel wirken lausig,
Käsewürfel sollst du meiden,
Käsebleich, so musst du leiden.

Käsekuchen ist nicht nobel.
Blutig ist der Käsehobel.
Eine dicke, gelbe Matte?
Das ist eine Käseplatte.

Manches Kind, das nicht viel woch,
Nannte man Dreikäsehoch.
Käse, käse, käs' dich aus!
Verkäsen lässt sich nur der Klaus.

Auch auf Englisch klingt er mies:
Da wird Käse flugs zu Cheese.
Drum warne ich nun jeden Knilch
Käse ist bäse! – Käse ist nur alte Milch!

Karneval im Seniorenheim

Die Oma sprang,
Die Oma sang:
„Hier fliegen gleich die Löcher aus dem Käse."
Doch was da flog, war die Prothese,
Immer schön den Gang entlang.[*]

Kein Käse!

Roquefort
Kommt mir komisch vor,
Eine Feta-Boa auch.
Noch doller wird's beim Harzer Roller,
Denn der rollt ganz arg im Bauch.

Appenzeller
Fliegt vom Teller,
Gouda ist kein Gaudi mehr.
Cheddar braucht der Schäddel nicht,
Und Camembert ist viel zu schwer.

Limburger,
Der Burgerschreck.
Emmenthaler fliegt ins Tal,
Tilsitter ist keine Sitte,
Und Parmesan, der kann mich mal!

---

[*] Jaja, wenn alte Leute krähen und blähen! Da hat die Oma Hansen quasi ihre ganz
eigene Version von „Handkäs' mit Musik" aufgeführt.

53

Ihr junges Gemüse!

Meine Freundin Ricky,
Die aß nur noch Tzatziki.
Meine Freundin Gwendolin
Gab sich nur Salaten hin.
Und auch Sonja – oh, oh ja –
Wollte nur noch so Soja.

Ihr junges Gemüse!
Lasst uns von Tieren probieren!
Die schmecken,
Und man kann sie auch halbieren,
Wenn kleine Portionen
Eure Mägen schonen.
Los! Pferde sind nicht nur zum Reiten da.

Mein Freundin Lieschen
Betrachtete Radieschen (von unten).
Meine Freundin Sue-Annett
Fand nicht nur Fleisch, auch mich zu fett.
Und die fesche Barbara
Mochte nur Rhabarbara.

Ihr junges Gemüse!
Lasst uns von Tieren probieren!
Die schmecken,
Und man kann sie auch halbieren,
Wenn kleine Portionen
Eure Mägen schonen.
Los! Kühe sind nicht nur für Milka da.

Meine Freundin Gabi,
Die aß nur noch Kohlrabi.
Meine Freundin Y-Yvonne
Schmiss die Würste in die Tonne.
Und die Petra ging zur PETA
Und macht dort ganz viel Gezeta.

Sie ruft:

Ihr junges Gemüse!
Lasst uns Salatblätter probieren!
Die schmecken
Und man kann sie auch halbieren,
Wenn kleine Portionen
Eure Mägen schonen.
Los! Grünzeug ist nicht nur für Tiere da.

Wurstpost (4)
Zugesteckt und Zugeschickt

Pratajev (H. M. Oley):[*]
Wurst im Zahn

Vom Schwein ein Stück
Zu Wurst gemacht,
Quält es dich
Die ganze Nacht.
Du piepelst fest,
Du piepelst sacht.
So wirst du
Um den Schlaf gebracht.

Simona Kirpal:
Der Erlkörper[**]

Was knurrt so spät im Bett bei Nacht?
Es ist der Magen, er ist erwacht;
Er weckt schnell seinen Freund, den Darm,
Den ander'n Organen ist's wohlig warm.

---

[*] Pratajev (1902 – 1961) ist der bekannteste der unbekannten russischen Dichter. Die Pratajevgesellschaft mit ihrem ersten Vorsitzenden H. M. Oley verwaltet seinen Nachlass. Auch Pratajev hat einst Fleischergedichte verfasst, verlor allerdings das Notizbuch mit den Fragmenten. Diese tauchten nach und nach wieder auf, denn der Kunstfleischer Manitsch Torerow – preisgekrönt für seine Wurstornamentik und berühmt geworden durch den Trick mit der Doppelhacke – fand die Aufzeichnungen und nutzte sie für ein eigenes Werk namens „Hacken und Zerteilen. Die schmerzarme Wurstzubereitung mit Gedichten des Kunstfleischers Manitsch Torerow". Torerow kann sich zu den Vorwürfen nicht mehr äußern. Er kam bei einem seiner spektakulären Auftritte ums Leben. Schuld war die Doppelhacke – in wessen Hand auch immer. Eins der wiederentdeckten Gedichte findet Ihr in diesem Buch.
[**] So hätte Goethe schreiben können, wenn er sich nur getraut hätte. Simona war da nicht zu ängstlich! Dafür sollte ihr ein Wurstorden angeheftet werden. Sie tummelt sich übrigens als Bregina Botulus auf www.wurstprodukte.de

Mein Magen, was schaust du, als ob du erbrichst?
Siehst Darm, denn du mein Leiden nicht?
Die Blutwurst dort, mit Glibber und Speck? –
Mein Magen, guck' doch einfach weg. –

„Du lieber Mund, komm beiß' in mich!
Dein Freund, der Magen, verdaut für dich,
Enthalte bunte Bröckchen von Metzgershand,
Hab' Eigendarm als güld'nes Gewand."

Mein Darm, mein Darm, und hörest du nicht,
Was Blutewurst mir leise verspricht? –
Sei ruhig, bleibe ruhig, mein Magen;
Dich will ein schlechter Traum nur plagen. –

„Willst, feiner Magen, mir widersteh'n?
Lieber die Nacht so leer übersteh'n?
Meine blutigen Brocken, sie füllen dich fein
Und rutschen und flutschen sanft in dich hinein."

Mein Darm, mein Darm, und siehst du nicht dort
Blutwursts Verlockung am düsteren Ort? –
Mein Magen, mein Magen, ich seh' es genau;
Mir scheint, dir ist noch von der Schlachtplatte flau. –

„Ich liebe dich, verdaue mich bald;
Und bist du nicht willig, so brauch' ich Gewalt."
Mein Darm, mein Darm, jetzt kommt sie heran!
Blutwurst hat mir ein Leids getan! –

Den Beinen grauset's, sie laufen geschwind,
(Der Magen wünschte, die Augen wär´n blind),
Erreichen das Klo mit Mühe und Not;
Das Innere des Magens war ganz rot.

Blutwurst

Tote Oma

Tote Oma, lach' doch mal,
Das war doch nur ein Witz.
Schlachteplatte nennt man so.
Warum fällst du vom Sitz?

Mitternacht

Um Mitternacht, da steht sie auf,
Dann nimmt das Unheil seinen Lauf.
Denn einer Blutwurst geht's nur gut,
Stillt sie ihren Durst nach Blut.
Drum schaut nie in den Kühlschrank rein,
Das könnte euer Ende sein!

Blutkuchen*

Klopf! – Klopf, klopf! –
Er ist noch frisch, er tropft.
Der Kuchen aus dem Blut
Tut meiner Seele gut.

Iss' ihn nur, mein Kind,
Bevor das Blut gerinnt.
Dann wird er hart – und nicht zu knapp,
Da brechen dir die Zähne ab.

---

* Das Rezept dafür ist überliefert, etwa aus der Gemeinde Alsfeld. Im Thüringer Wald sollen sich die Leute gern ein Glas Blut beim Metzger holen, um dann zu Hause einen Teig damit zu tränken und das Gemisch anschließend zu backen. Viele trinken das Glas jedoch unterwegs schon aus und kehren ohne Blut heim.

Touristenspeckblutwurst[*]

Touristenspeckblutwurst,
Da gehe ich nicht ran.
An einer war sogar
Die Kamera noch dran.

Touristenspeckblutwurst,
Nicht einmal einen Happen.
Denn sehr schnell beißt man da
Auf alte Baseballkappen.

Touristenspeckblutwurst,
Da hat man oft im Zahn
Ein Stück Papier bedruckt,
Den Innenstadtfaltplan.

Ihr Kinderlein kommet!

Die Fleischersfrau lockt Kinder an,
Die sie sogleich verwerten kann.
Denn ihre Köpfe braucht die Käthe
Frisch für die Gesichtspastete![**]

---

[*] Diese Wurst mit dem schrecklichen Titel gibt es wirklich. Mehrmals gesichtet wurde sie in Erfurt im Einkaufszentrum Anger 1 und in der Fleischerei Lasch in Leipzig. Macht einen großen Bogen um solche Häuser, speziell nachts.
[**] Lest dazu auch das Gedicht von der „Bärchenwurst" auf Seite 40, das eine andere, etwas freundlichere Zubereitungsart dieser Wurst empfiehlt.

HEUTE:
SCHLACHT-
PLATTE
HAUSMACHER ART

FOTO: JANJA UND JAN

Ein Quieken

Im Kühlhaus quiekt es leise
Auf ganz besondere Weise:
„Quiekeliquiek, Quiekeliquiek!"
Oder mehr wie Edvard Grieg.

Türen auf und nur hinein!
Ein Quieken muss nicht böse sein.
Doch wenn dich Fleischerhaken pieken,
Wirst du ganz schnell selber quieken.

Geschwind ein Blick, das Licht geht an.
Wacker schaut der Fleischersmann.
Ein halbes Schwein gibt keine Ruh,
Er drückt ihm nun die Augen zu.

Halb und Halb

Die Hälfte ist vergammelt,
Die andere ist frisch.
Das nennt man fifty-fifty
Und schmeißt es unter'n Tisch.
Dort kann's am Boden kleben
Und friedlich weiterleben.

Der Presssack

Dreht Euch nicht um,
Denn der Presssack geht herum.
Wer sich umdreht oder lacht,
Kriegt den Wanst vollgemacht.

Ihr dürft ihn nicht essen,
Sonst wird er euch pressen.
Er macht sich so schwer,
Und dann könnt ihr nicht mehr.

Drum seid lieber satt,
Denn sonst seid ihr platt.
Wer den Presssack nicht lässt,
Der wird tot gepresst.

Invasion vom Wurststern[*]

Sie haben uns befallen,
Wurst ist in uns allen.
Kühlraumschiffe warten schon.
Das ist die Wurststern-Invasion!

Sie woll'n nicht mit uns handeln,
Sie wollen uns verwandeln.
Bald bricht die Wurst aus uns heraus,
Dann sehen wir wie Würste aus.

Sie haben uns befallen,
Wurst ist in uns allen.
Kühlraumschiffe warten schon.
Das ist die Wurststern-Invasion!

Schau' deine Hände richtig an:
Sind nicht Wurstfinger daran?
Schau' in den Spiegel – schön bei Licht:
Was siehst du da? – Ein Wurstgesicht!

Sie haben uns befallen,
Wurst ist in uns allen.
Sie denken einfach praktisch,
Ihr Schlachthaus ist galaktisch.

Sie haben uns befallen,
Wurst ist in uns allen.
Sie wollen sich vermehr'n
Der Wurststern leuchtet fern.

[*] Die Musikgruppe „Die Pest" hat dieses Gedicht eindrucksvoll vertont. Anhören lässt sich der Pestrock im Internet unter www.diepest.de.

DIE METZGERSTOCHTER KENNT DEN TREND:

PLÄTZCHEN WAREN GESTERN.
DIESER BAUMSCHMUCK
GARANTIERT EIN
ROHES FEST.

Häppchen (3)

Acht Kinder und 'ne fette Frau,
Das macht den Mann zur armen Sau.

Die Kette mit dem echten Stein
Schmückt stets nur das reiche Schwein.

Beim Schlachten braucht der Fachmann
Recht häufig einen Flachmann.

Ein Fettauge ist richtig fett,
Klebt in seinen Wimpern Mett.

Herzsalami ist aus Herzen.
Wer kann seins dafür verschmerzen?

Feldgieker gucken gern aufs Feld,
Wird's im Frühjahr neu bestellt.

Ist der Student ein fauler Dicker,
Nutzt er zur Prüfung Schinkenspicker.

Bei Formfleisch macht die Norm die Form,
Und mit E-Wert wird's e-norm.

Wenn Schnitzel schon sehr siechen,
Kann man den Braten riechen.

Alte Wurst

2000 Jahre Naturdarm

Herzlichen Glückwunsch, lieber Darm,
Drinnen hattest du's so warm.
Doch du kamst raus, ganz groß sogar,
Als damals echt noch damals war.

2000 Jahre hast du gepackt,
Du lieber Darm – allein und nackt.
Doch du hast dich gut gehalten,
Zeigst zum Geburtstag keine Falten.

Nennt mancher dich auch auf die Schnelle
Geschlinge, Haut oder nur Pelle,
Erweisen wir dir heut' die Gunst:
Naturdarm – du bist große Kunst!

Die Ur-Wurst

Die Ur-Wurst mit den grauen Haaren
Wollte nun nach vielen Jahren
Den jungen Würstchen etwas sagen,
Kluges aus vergang'nen Tagen:

„Ehrt die alten mit den Falten,
Die die Weisheit noch verwalten.
Höret! Meidet Haus und Hof."
Die Würstchen kicherten nur doof.

Die alte Wurst mit ihrem Schimmel
Fuhr darauf auf in den Himmel.
Die Mahnung war vergessen,
Die Würstchen aufgefressen.

Hätten sie sich gut versteckt,
Hätte man sie nie entdeckt.

Kopernikus

Die Welt ist eine Scheibe,
Die Wurst, die ist es auch.
So freute sich Kopernikus
Glatt ein Loch in'n Bauch.

Da sah er seine Wampe
Und sprach „Ich dummer Hund,
Das ist gar keine Scheibe.
Das ganze Ding ist rund."

Die Wahrheit über die Dackelwurst[*]

Im 19. Jahrhundert, da tat man ganz verwundert.
Dabei war doch jedem klar, was ein Hundeleben war:

In dem Frankfurt an dem Main
Wurde niemals lang gefackelt.
Man fing jeden Dackel ein,
Ehe der noch weiter dackelt.

Er kam zum Schlachten und zum Kochen,
Vermisst von Frauchen Erika.
Dann reiste er über zwei Wochen
Per Schiff hin nach Amerika.

Die Amis konnten es nicht wissen
Und hab'n die kleinen Dackelbeine
(Und manchmal auch ein Stückchen Leine)
Gekaut und abgebissen.

Das war im Hafen, es war heiß.
Es war im Dock Nr. 10.
Da rief ein Mann: „Oh, what a Hot Dock!"
So ist es dann gescheh'n.

„Hot Dog" hieß das Würstchen nun.
Es kam noch Brot drum rum.
Frankfurt tut's bis heute
Und bringt Dackel um.

Vier krumme Beine sind vier Würste,
Frankfurter genannt.
Der Rumpf geht fix zum Türken,
Als Spieß am Döner-Stand.

---

[*] Tatsächlich wurde unter diesem wenig schmackhaften Namen der „Hot Dog"
in Deutschland erfunden. Zum Glück konnten oder wollten die Amerikaner
„Dackelwurst" nicht sagen und kamen auf die bessere Bezeichnung. Aber die
wichtigste Zutat hat sich nie geändert.

70

71

Wurstpost (5)
Zugesteckt und Zugeschickt

Frank Bröker:
Heute gibt es Hack

Im Mett liegt die Wahrheit,
Nicht im Wein.
Im Mett liegt Schalotte,
Klein gehackt.
Im Mett wird altes Brot
Zu frisch gewürztem Schrot.

Rohes, frisches Fleischerkind,
Drehst du durch, ist es der Wind,
Der rein will durch den Hinterhof,
Schweine quieken in der Not.
In den Kanal läuft warm das Blut,
Därme kochen aus im Sud.

Rohes, frisches Fleischerkind,
Schwingst dein Beil ins Schwein hinein.
Im Fleischwolf dicke Sehnen sind,
Vater leckt die Hände ab,
Mutter schmiert das Brot dazu,
Pfeffert, salzt das rohe Fleisch.

Heute gibt es
HACK, HACK, HACK.
Fisch hat keine Lobby mehr.
Heute gibt es
HACK, HACK, HACK.
Soja bringt uns nicht nach vorn.

Rohes, frisches Fleischerkind,
Arme stark wie ein Feldrind.
Von nah und fern die Leute kommen,
Alles Hack wird mitgenommen.
Der Bauer bringt ein neues Schwein,
Kippt es in den Stall hinein.

Rohes, frisches Fleischerkind,
Bauch so voll wie ein böser Mond.
Im Hinterhof die Schürze liegt,
Das nächste Schwein wird nicht geschont.
Blutig wie nach langer Schlacht,
Die Fettschürz' auf den Boden kracht.

Heute gibt es
HACK, HACK, HACK.
Und dazu dann noch Doppelkorn.

Die weite Welt der Wurst

Wurst aus der Fremde

Krakauer und Debreziner

Krakauer und Debreziner,
Pfälzer, Rügenwalder, Wiener –
Wurst kommt her aus aller Welt,
Auch manches, was man für Wurst hält.

In Amerika

In Amerika ist's fett,
Da tragen Menschen den Namen Mett.
Mett Bianco und Mett Damon,
Wer will da drei Kilo nehmen?
Und Mett Groening und Mett Max,
Ja, da frage ich mich: „Schmeckt's?"
Die Amis sind ganz ungehemmt
Und rufen: „Mett for President!"

Haggis[*]

Wenn das Schaf mal weg ist,
Dann isst der Schotte Haggis.

Die Lyoner

Auch ein Fleischerei-Bewohner
Ist die schweigsame Lyoner.
Liegt still da und sagt nichts mehr.
Französisch ist doch viel zu schwer.

---

[*] Das schottische Nationalgericht: Schafsinnereien, die gern mit einem undefinierbaren Brei und einer alten Rübe verzehrt werden.

Made in China

Die Chinesen essen Hund.
Mit Gemüse wird er bunt.
Den gibt es auch bei uns – das weiß ich.
Er hat die Nummer 38.

Japanische Selbstverwurstung

Der Samurai ist voll dabei
Und haut sich guter Dinge
Die alte rost'ge Klinge
In sein Darmgeschlinge.

Der Samurai, der macht sich frei,
Er dreht den Säbel hin und her,
Verleiert seine Därme sehr,
Verwurstet sich da immer mehr.

Der Samurai sagt nie mehr: „Hai!"
Doch frische Würste sind am Schwert,
Prall gefüllt und unversehrt.
Der letzte Rest wird weggekehrt.

Daraus macht Mei Ling dann Sushi
Für ihre Katze, die heißt Muschi.

Wurstpost (6)
Zugestecktes und Zugeschicktes

Max Reeg:
Gelbwurst

Es ist schon immer so gewesen:
Gelbwurst macht man aus Chinesen!

Matthias Nutsch:
Ein Schinken

Ein Schinken wollte wandern
Bis nach Flandern.
Doch es war ein Schinken,
Er konnte nur hinken.
Ist nicht so schlimm,
Denn er schwamm zur Krim.

Stefan Maelck:
Moskauer Weisheit nach Blagomir Kachelofen

Brüderchen, hast du Durst?
Dann kauf' Wodka – anstatt Wurst!
Wurst gibt's sowieso nicht zu kaufen.
Also saufen!

Pratajev (Manitsch Torerow):
Die Leber[*]

Das ganze Dorf war sehr betroffen.
Das alte Schwein hat viel gesoffen.
„Schnaps!" – das war sein letztes Wort,
Doch es trug ihn niemand fort.

Denn so schwer war dieser Mann,
Dass ihn niemand tragen kann.
Es half auch nichts, ihn zu entkleiden.
Man musste ihn in Stücke schneiden.

Sie legten seine Leber bloß.
Sie war wie sein Kopf so groß,
Und sie roch nach Alkohol,
Gleich fühlt' sich jeder pudelwohl.

Das ganze Dorf hat kurz gestritten,
Dann wurd' die Leber klein geschnitten.
All die Häppchen, die erschienen,
Aß man auf als Schnapspralinen.

Jeder wollte was erhaschen,
Das ganze Dorf bekam zu naschen.
Und den Rest, den kann man suchen
Zu Weihnachten im Leberkuchen.

---

[*] Das Gedicht „Die Leber" (hier in einer Bearbeitung von Kudernatsch) kann dem Dichter Pratajev zugeordnet werden. Er verarbeitete darin eigene Erlebnisse in der Dscheskasganer Senke, verlor jedoch das Manuskript. Auf einer Autofahrt im September 1953 las der überraschte Pratajev sein Poem in einem Buch von Manitsch Torerow, der zudem die Frechheit besaß, sich als Verfasser auszugeben (siehe dazu die Fußnote auf Seite 57). Pratajev schäumte vor Wut über das Plagiat und schrie, so dass der Chauffeur den Wagen vor Schreck in ein Schlammloch setzte. Die Männer steckten mehrere Tage lang fest und konnten sich nur mit mehreren Flaschen Schnaps gegen die drohende Unterkühlung zur Wehr setzen. Mehr darüber kann man bei H. M. Oley von der Pratajevgesellschaft erfahren.

Wurst aus der Heimat

Deutschländer

Deutschländer –
Es kann nur eine geben!
Gegen all die Würste
Wird sie das Schwert erheben.

An Haken und in Töpfen,
Sie wird sie alle köpfen.
Da wird nicht lang gestritten,
Sondern abgeschnitten.

Fehlt einer Wurst ein Stück,
Die Deutschländer bringt's nie zurück.
Ob Leberwurst, ob Bregen –
Es kann nur eine geben!

Die aus Kassel

Die aus Kassel würden beißen,
Täte man sie Kassler heißen.

Braunschweiger Rotwurst

Was soll denn das, wie soll das gehen?
Will Braunschweig etwa aus Versehen
Der Rotwurst etwas Braunes zeigen?
Braunschweig sollte besser schweigen.

Halberstädter, Eberswälder[*]

Halberstädter, Eberswälder,
Esst doch eure Würste selber!
Denn dann könnte man sich sparen,
Sie erst noch durchs Land zu fahren.

Der Bayer

Der Bayer hat im Bayernland
Oft seine Weißwurst in der Hand.

---

[*] Ich bin erschüttert. Bei meinen Wurstlesungen stieß kein anderes Gedicht auf so viel Hohn beim Publikum wie dieses. Scheinbar sind beide Würste sehr in Ungnade gefallen.

RADIKALE WEISSWÜRSTE.

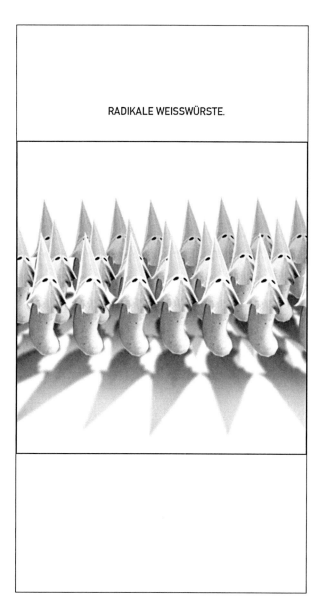

Nürnberger

Nürnberger Würstchen,
Die sind winzig klein,
Drum will so mancher Nürnberger
Kein Nürnberger mehr sein.

Nordhessische Weckewurst

Weckewurst, die soll wohl wecken?
Da kann man Kinder mit erschrecken –
Oder all die vielen Hessen.
Die können sie alleine fressen!

Sächsische Knackwurst

„Nu gloar", sagt die Wurst aus Sachsen
Und macht noch weitere Faxen.
Und in ihren Griebchen
Sitzen Mutschegiebschen.

Würstchen „Rothenburger Art"

Schrumpel, schrumpel,
Weg ist der Kumpel.

Rügenwalder

Rügenwalder aus der Mühle,
Das ist großer Quatsch!
Denn Würste unterm Mühlstein
Werden höchstens Matsch.

Die Thüringer

Thüringer Rostbratwurst

Thüringer Rostbratwurst
Liegt gern auf dem Rost,
Thüringer Rostbratwurst,
Bei Sonne und bei Frost.
Thüringer Rostbratwurst
Isst man nie mit Curry[*],
Thüringer Rostbratwurst,
Denn dann wär' sie worry.

Eichsfelder Stracke

Au Backe,
Was ist Eichsfelder Stracke?
Das Eichsfeld ist ja sehr katholisch,
Ist die Stracke da symbolisch?
Die Leute dort sagen nur: „Puh!"
Doch was sagt die arme Stracke dazu?

Eichsfelder Stracke, jetzt wirst du geknackt.
Kommt der Name von Günter Strack?
Hast du überhaupt Geschmack?
Kauft man mit dir die Katze im Sack?

Zuviel Gedanken, zuviel Trara,
Eichsfelder Stracke ist schlicht nur da.
Sie will eine einfache Knackwurst sein
Aus Thüringen und auch aus Schwein.

---

[*] Vielmehr kommt Born-Senf darauf – so scharfes Zeug, dass es einem lange, nachdem man Thüringen wieder verlassen hat, noch gelbe Tränen in die Augen treibt. Wer sich mehr infizieren möchte, dem rate ich zum Besuch der Erfurter Grillschule oder des Bratwurstmuseums. Die Rostbratwurst braucht solche Einrichtung, hat sie doch schon über 600 Jahre auf der Pelle.

John Meinel

Ob Sturm oder ob Hagelschlag,
Ob finstere Nacht, ob heller Tag,
Ob Sonne oder nur ein Schimmer:
John Meinel, der grillt wirklich immer.

Er steht am Rost und rostet nicht,
Konzentriert ist Johns Gesicht.
Die Würste dreht er hin und her,
Mit den Händen, bitte sehr.*

Die Familie rennt ins Haus,
Es sieht nach Gewitter aus.
Nur John Meinel bleibt am Grill,
Weil er weitergrillen will.

Er denkt: „Ich Mann, ich bleibe hier!"
Und greift zum Löschen nach dem Bier.
Und während er die Wurst bespritzt,
Hat es einmal schon geblitzt.

Noch ein Blitzschlag, diesmal näher,
Das Gewitter, es wird meher.
John Meinel lacht, das Grillgut zischt.
Noch hat's beide nicht erwischt.

Doch während wir noch für sie hoffen,
Hat sie der nächste Blitz getroffen.
John Meinel qualmt und riecht nach Harz,
Und alle Würste werden schwarz.

---

* Manchmal riechen die Finger der Thüringer dann so intensiv und schmackhaft nach Grill, dass die glücklichen Besitzer und ihre Liebsten nicht an sich halten können und diese Finger abknabbern müssen. So könnte vor Jahren das so genannte Finger Food entstanden sein.

WURSTSTRECKE: SOMMER 2007
MAN ZEIGT WIEDER MEHR BEIN.

FOTO: MAJA

Wurstpost (7)
Zugesteckt und Zugeschickt

Andreas Rummel:[*]
Bratwurst

Wer and'ren eine Bratwurst brät,
Hat ein Bratwurstbratgerät!

Bert Hähne:
Kind sei still

Kind, sei still,
Der Papa steht am Grill,
Bevor er sich noch aufregt,
Bevor er dich noch drauflegt,
Kind, sei still.

Falk Hühne (Der Ulkbär):
Bratwurstwitz

Liegen zwei Bratwürste in der Bratpfanne.
Da sagt die eine: „Mir ist heiß!"
Sagt die andere: „Huah! Ich hab' Angst. Eine sprechende
Bratwurst! Das gibt's doch gar nicht."

---

[*] Andreas Rummel ist ein kulinarischer Grill-Entertainer und als solcher sogar Europameister. Er grillt nicht nur, er singt auch „am Rost", wie der Thüringer sagt.

Andreas Rummel:
*Grillsaison*****

Grillsaison,
Manchmal träum' ich schon im Herbst davon.
*Fall'n die Blätter, will ich raus aus …*******
Und freu' mich schon auf Grillsaison.

Schweinefleisch,
Außen kross gegrillt und innen weich,
Und ich fühl' mich wie im Himmelreich.
Ich glaube fest an Schweinefleisch.
Ein Stück Lammkotelett wär' jetzt nett auf dem Balkon,
Aber draußen schneit's, es is' noch weit zur Grillsaison.

Grillsaison,
Mach' die Fenster auf, ich spür' es schon,
Es wird Frühling, endlich scheint die Sonn',
Und endlich wird es Grillsaison.
Ein Stück Schweinebauch schmeckt ja auch als Pfannenfleisch,
Aber Fleisch vom Grill, wie ich's will, ist kein Vergleich.

Grillsaison,
Mach' die Fenster auf, ich spür' es schon,
Es wird Frühling, endlich scheint die Sonn',
Und endlich wird es Grillsaison.

Und endlich wird es Grillsaison.

---

* Das ist sein Hit. Andreas singt ihn selbst schaurig-schön zur Melodie von „Yesterday". Da werden alle Würste freiwillig braun.
** Hier bitte den Ort der eigenen Wahl einsetzen – also Artern, Düsseldorf, Essen, Merseburg, Hof. Der Fantasie sind keine Grenzen gesetzt. Es dürfen auch Orte von Leuten sein, die Ihr nicht leiden könnt. Traut Euch!

Notschlachtungen

Hä?

Hätten Sie? Gibt es nie?
Etwas mehr? Bitte sehr!
Gern geschehen! Wiedersehen.
Was war das? Wer packt es?
Ja, das war Satzgehacktes!

Daheeme

Ich mach' dies nicht, ich mach' das nicht,
Und schon krieg' ich Mecker.
Ich mein', ich krieg' mein Fett weg,
Das klingt wenigstens noch lecker.

Doch jeden Tag das viele Fett,
Das kann nicht richtig sein.
Ich werde immer fetter,
Ich glaub', ich werd' zum Schwein.*

Die Hartwurst

„Nur die Harten
Komm' in'n Garten",
Spricht die Hartwurst und wird gleich
Am ganzen Körper butterweich,
Da die Maulwürfe schon warten.

---

* Fußnote der Verfasser-Freundin: Ha, was für eine Weichwurst! Das hat er zu Recht
verdient. Oder was sagt Ihr dazu, Mädels?

HAB' MICH HEUTE MORGEN
AUF DIE WAAGE GESTELLT...
HAB' WIEDER NICHT ABGENOMMEN.

DANN STELL' DICH
NÄCHSTES MAL
HALT AUF
'NEN STEPPER.

Aufbruch und Heimkehr

Die Tür steht auf, der Stall ist leer,
Die Sau fehlt einem Bauern sehr.
Der Bauer sagt nur kurz und knapp:
„Da *habe* ich wohl Schwein gehabt."

Er geht los, ein Schwein muss sein,
Der Bauer kauft ein neues ein.
Auch das haut ab – am selben Tag
Wird diese Sau durchs Dorf gejagt.

Und sie entkommt, kämpft wie Bruce Lee,
So wenig Borstenvieh war nie.
Den Bauern schimpft nun seine Frau
Und tobt wie eine wilde Sau.

Da zieht er los, am Mäuerchen
Macht er Halt und Bäuerchen.
Im Wald hört er die Frau fern keifen
Und glaubt zu hören, wie Schweine pfeifen.

Und da!

Da liegen sie, ganz ohne Reue,
Und schlafen schnarchend, beiden Säue.
All der Ärger ist vergessen:
„Das nenn' ich ein gefund'nes Fressen!"

Gerd

Gerd will auch mal Peter sein,
Denn immer drängt sich Peter rein.
Schwarzer Peter, Ziegenpeter,
Hackepeter, Gerd kommt später.
„Wie verkehrt", sagt sich der Gerd,
„Jetzt mache ich das umgekehrt."
Und hackt sich selber klitzeklein,
Um ein Hackegerd zu sein.
Darauf war er sehr erpicht,
Und er war auch hackedicht.

Sabine

Sabine, die war immer mutig,
Nur einmal im Monat, da war sie blutig.
Es ist nicht das, was ihr jetzt denkt.
Ich hab' mich gerad' beim Dichten verlenkt,
Drum fange ich von vorne an,
Weil jeder Sabine leiden kann
Oder konnte, man konnte sie leiden …

Nun denn!

Sabine konnte man gut leiden.
„Von der kannste dir 'ne Scheibe abschneiden",
So hieß es oft – ganz unumstritten,
Also hat man abgeschnitten.
Scheibe für Scheibe oder in Stücken,
Erst am Hintern, dann am Rücken.
Es hat nichts gebracht, es war nur ein Gag.
Nicht für Sabine – die ist jetzt weg.

Klaus

In seinem alten Zweiergolf
Im Hof der Fleischerei
Hält Fleischer Klaus 'nen Steppenwolf.
Es ist ja nichts dabei.

Der Isegrimm ist gar nicht schlimm,
Ihm schwindelt immer sehr.
Klaus braucht ihn für die Arbeit,
Drum lockte er ihn her.

Er stopft ihn voll mit Wurst und Fleisch,
Mit Kräutern und Gewürzen.
Der Wolf ist schließlich prall gefüllt.
Man hört es an den Fürzen.

Dann packt der Klaus das dicke Vieh
Und schüttelt es ganz heftig.
Wer den Rest noch wissen will,
Bitte, jetzt wird's deftig!

Der Klaus, der dreht den Wolf im Kreis,
Bis dieser nur noch eiert,
Das Maul weit aufreißt und dann heftig
Auf den Boden reihert.

(Dann winselt er und will nicht mehr
Und kriecht gebückt zum Golf zurück.)

So kennt der Klaus das von Zuhaus,
Drum weiß er, wie es geht.
Sieht es auch nicht schmackhaft aus:
Fleisch, durch den Wolf gedreht.

Attacke!

Kauft der Gegner Würste ein,
Kann das nur das eine sein:
Diese ganz gemeine Praktik,
Nämlich die Salamitaktik.

Pappsatt

Sagt jemand laut: „Ich bin pappsatt!"
Was der dann wohl gegessen hat?
Schob der Altpapier und Pappe
Hinein in seine große Klappe?
Tageszeitung, „Spiegel", „Stern" –
Was davon aß er wohl gern?
Und lag vielleicht die FAZ?
Bei ihm auf dem Stullenbrett?
Doch eins steht fest: Weil er dies schluckt,
Lügt er nun so wie gedruckt.

Ein kleiner grüner Hinweis zwischendurch

Sollte es an Kapern hapern,
Können es ruhig Popel sein.
Die sind grün und auch schön klein.

Wurstpost (8)
Zugestecktes und Zugeschicktes

Pseudonym Eddi S.:[*]
Wahlkampf 2005

Nur die dümmsten Kälber
Wählen ihre Metzger selber.
Und sind sie dümmer noch als du,
Wählen sie die CSU.

Ein angetrunkener älterer Herr:[**]
Am Wurstkessel

Der Meister und der Lehrling rühren im Wurstkessel.
Da sagt der Lehrling: „Wenn das rauskommt, was da
reinkommt, dann kommen wir nie wieder raus, wo wir
reinkommen."

Ein erleichterter Herr:[***]
Leberwurstparfait

Die Spülung rauschte auf und nieder.
Das Wurstparfait sah man nicht wieder.

---

[*] Vermutlich verbirgt sich hinter diesem Pseudonym ein Hobby-Dichter aus Bayern, der jetzt viel Zeit hat.
[**] Nach einer Wurstlesung mit exklusivem Sieben-Gänge-Wurstmenü im Klosterschankhaus Taucha. Das Menü war toll, aber schwer und nur mit Unmengen Brotschnaps zu verdauen. So kam diese Wahrheit ans Licht.
[***] Zu dem Wurstmenü aus Taucha zählte auch ein Leberwurstparfait. Ja, Ihr lest richtig: Eine Art Pücklereis aus Leberwurst. Das spaltete die Futterverwerter sehr. Ihr könnt raten, zu welcher Fraktion dieser Herr vorm WC gehörte.

Roberto Cappelluti:
Ein Wurstwitz[*]

Kunde an Wursttheke: „Ich hätt' gern die grobe, fettige."
Darauf der Wurstfachverkäufer: „Das können 'Se vergessen.
Das ist meine Tochter, und die muss morgen in die
Berufsschule."

Ricky und Shaun:
Ein Leberkäswitz

Zwei Leberkäs sitzen auf der Mauer.
Fällt der eine runter.
Sagt der andere: „So!"

Gudrun S.:[**]
Die Darmspiegelung

Befreit von aller Erden Schwere
Ist nun der Darm, der völlig leere.
So spricht er nun zum Koloskop, dem weichen:
„Jetzt darfst du durch die hohle Röhre schleichen!"

---

[*] Diesen recht bekannten Witz haben mir gleich mehrere Leute geschrieben und erzählt. Roberto war allerdings der erste…
[**] Bei einem Internisten entdeckt. Wahrscheinlich handelt es sich bei Gudrun S. um eine arme Seele, die ihre zehn Euro Praxisgebühr nicht zahlen konnte. Daher musste sie den Schlauch abwaschen und etwas für ihn reimen. Das Ergebnis gehört unbedingt in dieses Buch – ganz im Sinne des Naturdarms.

Innereien

Lied des Fleischers

Küken, Puten, Kühe –
Ich geb' mir so viel Mühe.
Fische, Pferde, Schweine –
Ihr seid nie alleine.

Ich mache euch zwar den Garaus,
Doch ich mache was daraus.
Ich schneide euch in Scheiben klein
Und tüte euch in Tüten ein.

Doch innerlich – das sag' ich hier –
Bin ich doch genau wie ihr.
Ich bin nicht nur das Schlachtemesser,
In meinen Träumen bin ich besser.

Da will ich in den Himmel fliegen
Und richtig gute Laune kriegen,
Mit einer Frau in meinem Arm,
Ohne Knochen, Wurst und Darm.

Könnt ihr mich sehen – „Fly, Fly, Fly!"* –
Hier oben fühle ich mich frei.
Könnt ihr mich hören, könnt ihr mich sehen?
Könnt ihr den Fleischer jetzt verstehen?

---

* Ähem, wohl zu oft Lenny Kravitz gehört, was?

Die Metzgerstochter

Die Metzgerstochter ist adrett,
Sie strotzt überall vor Fett.
Stramme Keulen, dicker Bauch,
Hinterschinken gibt es auch.

Knorpel, Nackensteak und Speck,
Metzgerstochter, geh nicht weg!
Rippchen, Eisbein und Gedärm –
Alles an dir hab' ich gern.

Dein Wurstgesicht, das lächelt froh.
All dein Fleisch, das ist so roh,
Und ein schöner Schweinekamm,
Der hält deine Haare stramm!

Metzgerstochter, mein Verlangen
Ist abgebrüht und abgehangen.
Lass uns zwischen all den Schweinen
Unser Fleisch fleischlich vereinen!*

---

* Sicherlich wäre es dazu gekommen, hätte der Metzgershund nicht geknurrt.

JA, SICHER BIN ICH GLÜCKLICH.
ABER DENKST DU, MIR MACHT DAS SPASS?

Veganer[*]

Veganer leben sehr gesund,
Denn sie nehm'n kein Fleisch in'n Mund.
Alle anderen sind perplex,
Sie tun das nicht einmal beim Sex.

Meine Ex, die Metzgerstochter[**]

Meine Freundin hat mit einem anderen getanzt
Und sich mit ihm auch gleich fortgepflanzt.
Da werd' ich nun alleine tanzen
Und mich mit mir selbst fortpflanzen.

Doch das geht voll in die Knochen.
Ich liebte sie fünf ganze Wochen.
Ich werd' jetzt viel im Laken wühlen
Und all die Gefühle nicht mehr fühlen.

Ja, meine Gefühle, die sind verletzt,
Doch ich steck' es gut weg – ich bin untersetzt.
Mehr kann ich dazu jetzt nicht sagen,
Die Sache liegt mir schwer im Magen.

---

[*] Viele Fachverkäuferinnen sollen sich veganisch ernähren. Das kann man gut verstehen: Ein Busfahrer fährt in seiner Freizeit auch nicht Bus, eine Sparkassenangestellte hat kein Geld und ein Versicherungsvertreter ist nicht versichert.
[**] Wie man sieht, hat diese Beziehung keine zwei Seiten lang gehalten! Schade.

Wurstpost (9)
Zugesteckt und Zugeschickt[*]

Heike Hennig:
Käse, bäse, wese, bese

Käse, bäse, wese, bese,
Welle, welle, manche Ecke,
Teddy, Wurstbrot ganz verschlungen,
Natsches, katschens, halb durchdrungen.

Michael Neumann:
Ein Wurstgesicht

Ein Wurstgesicht, das spricht,
Sagst du, gibt es nicht?
Du scheinst sehr sicher,
Sagst immer: „Gibt es nicht, never, no!"
Da sag' ich:
„Guck' ma' die Johannes-B.-Kerner-Show."

Volly Tanner:
Klospruch, entdeckt im „Immerhin" in Würzburg

Vegetarier essen
Meinem Essen
Das Essen
Weg!

---

[*] So, das ist die letzte Wurstpost. Sie soll nicht sang- und klanglos verschwinden, sondern mit einem Zweizeiler verabschiedet werden: Auf der Post war's wieder spät/ Was schimmelt da? – Ein Wurstpaket.

Christian Haase:
Mein lieber Kudernatsch! (Auszug)

Ja, wäre ich es, der da läse,
Läs' ich Gedichte nur von Käse,
Denn jedes blöde Wurstgedicht
Treibt mir nur Pickel ins Gesicht.

Matthias Haase:
Prozentrechnung

Ich hätte gerne halb und halb,
Einhalb vom Schwein, einhalb vom Kalb.
Doch fehlten finanzielle Mittel,
Und ich bestellte nur ein Drittel.
Ein drittel Rind, ein drittel Schwein –
Das würden schon zwei Drittel sein.
Die Hälfte davon würde reichen,
Das könnt' ich gerade so begleichen.
Drum zieh'n Sie noch mal etwas ab,
Ein Sechstel dann von jedem Schab.
Am Ende gab der Fleischer mir
Ein Häufchen nichts im Packpapier.
Nun kann ich großzügig die Zeilen
Allein dem Publikum mitteilen.

Charlie Swampbirth:
Warum?

Warum
Sind all die Würste krumm?
Weil niemand hin
Zum Fleischer zog
Und die Würste
Gerade bog.

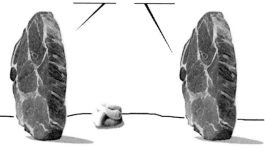

105

Zum Ladenschluss

Tag an der Wursttheke

Ein Würstchen für das Kind,
Die Mama, die will Rind,
Ein Steak, der Herr,
Oh, bitte sehr!
Geht etwas mehr?

Warme Wiener für zwei Transen,
Oma Hansen möchte Pansen.
Innereien?
Sie verzeihen!
Kommen morgen wieder rein.

Salami für den jungen Mann,
Hat er selber keine dran?
Und Sie woll'n Hack?
Na dann, zack-zack!
Das gibt's da vorne abgepackt.

Komm' Se – geh'n' Se, kurz vor Acht!
Jetzt wird hier alles dicht gemacht.
Zu das Kühlhaus,
Schürze aus,
Und dann heißt es: Nichts wie raus!

Alles auf Anfang

Beendet den Jammer,
Nehmt einen Hammer,
Lasst es krachen!
Lasst uns die
Buletten
Retten
Und wieder Hackfleisch
Daraus machen!

Am Abend

Am Abend ist der Tag vorbei,
Dunkel wird die Fleischerei.
Ja, dann trügt beim Schwein der Schein,
Es könnt' die Fleischersgattin sein.

Gute Nacht

Das Würstchen im Schlafrock
Hat's Sandmännchen gesehen,
Den Eltern gute Nacht gewünscht,
Wird nun ins Bettchen gehen.

Das Handwerk dankt

Dankeschön an alle Wurstesser.
Unser Dank wird Euch ewig nachschleichen und Euch nie erreichen.

Mein besonderer Dank gilt allen Wurstfreundinnen und -freunden, die auch nach der Anti-Wurstgedichte-demonstration der PETA zu mir gehalten haben. Danke dafür an Ricky Fuchs, meine Familie, die Fleischerei Lasch, Darmzupfer Boy Kottke, Tim Böhm, Bert Hähne, Verleger Olli und an alle Schreiberinnen und Schreiber der Wurstpost.

Euer Lyrikmetzger Kudernatsch

Die Metzgerstochter sagt „Danke":
Janja und Jan für die Cocktailwurst auf dem Titel und für die Schlachtplatte (www.janherboldsheimer.com) und Maja für die Wurststrecke.

ÜBER
OLYMPISCHEM
FEUER
GERÄUCHERT.

𝕿𝖗𝖎𝖚𝖒𝖕𝖍 𝖉𝖊𝖘 𝕲𝖗𝖎𝖑𝖑𝖊𝖓𝖘.

DIE METZGERSTOCHTER UNTERSTÜTZT
DIE DEUTSCHE OLYMPIA-BEWERBUNG FÜR 2016

Wo noch Wurst ist, da ist Leben.
Und solange noch Leben ist, so lange
ist Hoffnung - Hoffnung auf Wurst und
immer wieder noch mehr Wurst.
Denn die Wurst stirbt zuletzt.

(Wiglaf Droste)

Die Speckseite

Das ist die sehr spezielle Zugabe. Hier könnt Ihr Euch selbst verwirklichen, indem Ihr über dieser Seite Wurstscheiben auswringt, Eure Wurstfinger daran abwischt oder ganz einfach Wurstpelle einklebt. Viel Spaß!

Beilage 1˙

Herz aus Leberwurst

In meiner Brust wohnte
Ein Herz aus Leberwurst...
Es hatte nie Hunger und es hatte nie Durst...
Feingemahlen
Durch des Metzgershand
War es auf der Suche
Nach dem lieblichen Band
So zart im Gaumen
Mit Kräutern verwürzt
Hat es sich stets
Auf die Liebe gestürzt
Doch dann eines Tages
Da wurde es braun
Ich hatte kein' Kühlschrank
Man glaubt es kaum
Die Wurst wurde schlecht
Sah eklig schon aus
Da riss ich sie wütend
Aus dem Brustkorb heraus...

Beilage 2[*]

Ali

Ein Junge namens Ali
Der aß so gern Salami
Da brachte Mutter Schinken mit
Den aß er nitt.

[*] Die Beilagen dieser beiden Seiten wurden als Bonus-Tracks vom legendären Leseduett der Chickenfreaks gesponsort, welche selbst keinen Hehl daraus machen, dass Literatur, Alkohol und Wurst eine Bereicherung für jede zivilisierte Hochkultur darstellen können, sofern man damit umzugehen weiß. Entnommen wurden diese Texte ihrem Buch „Ihr Hühnerlein kommet, zur Grippe her kommt..." (erschienen in der Edition PaperONE)

Über den Lyrikmetzger Kudernatsch

Der Wurstesser und Expressdichter Kudernatsch (Jg. 70) heißt tatsächlich so und lebt in Leipzig, Erfurt und im Wald vor Wittenberg. Manchmal taucht er im Fernsehen und im Radio auf. Mit seinen Gereimtheiten und Ungereimtheiten hat Kudernatsch in seiner Show „Kudernatschs Kautsch" viele prominente Gäste behelligt – so Dolly Buster, Roberto Blanco, Herbert Feuerstein, Boxer Axel Schulz und viele andere, die sehr überrascht waren. 2004 kam Kudernatsch auf die Wurst, schrieb das Buch „Alles Wurscht. Reime gegen Käse" und wurde für seine antivegetarische Poetry von der Tierschutzorganisation PETA verfolgt. Er ließ sich aber nicht die Wurst vom Butterbrot nehmen. Kudernatsch machte weiter, veröffentlichte das Live-Hörbuch „Die Wurstplatte" und legt jetzt nach. Auch auf www.wurstgedichte.de

Über die Metzgerstochter

Geb. 1988 (im Herbst), 1992 – 1997 Freiligrath-Grund-
schule, Frankfurt am Main.
1997 – 2004 Albert-Schweitzer-Hauptschule, Frankfurt
am Main. Seit 2004 Fleischerfachschule (ffs), Frankfurt am
Main. Seit 2004 Fernstudium der Meeresbiologie an der
Fernuniversität Hagen und seit 2000 diverse Telekollegs.
Kann Schreibmaschine mit zehn Fingern. Schlachtet im
Netz unter www.metzgerstochter.de.

Das Hörbuch zum Buch!

Kudernatsch und Boy Kottke

Die Wurstscheibe

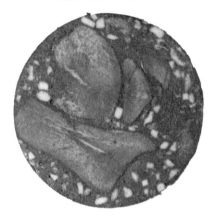

Diese CD sieht wie eine Blutwurst aus, aber man kann sie ohne Bedenken in den Player packen. Oder in den Kühlschrank. Oder aufs Brot. Doch da hört man nichts. Das wäre jammerschade. Denn der Lyrikmetzger Kudernatsch selbst liest die schönsten Wurstreime aus „Rache ist Blutwurst". Dabei begleitet ihn Frischdarmzupfer Boy Kottke, und die Kundschaft kreischt an den passenden Stellen dieser Live-Schlachtung. Die Wurstscheibe schimmelt nie, weil sie gut verpackt und streng limitiert in einer edlen Konservendose angeboten wird. Weil es immer ein bisschen mehr sein darf, enthält sie viele Zusatzstoffe. So metzeln sich die Wurstfreunde der Musikgruppe DIE PEST eindrucksvoll durch die „Invasion vom Wurststern".

ISBN 978-3-939398-42-4
Editon PaperONE, Leipzig 2007
9,95 EUR

Ebenfalls in der Edition PaperONE erschienen:

Andrè Ziegenmeyer
„Ungewisse Lieder"
Amüsante Kurzgeschichten
Taschenbuch mit 124 Seiten
ISBN 978-3-939398-28-8; 8,95 €

Seltsam ist dieses Buch. Sieben Gesichter trägt
es. Sieben Geschichten sind in ihm verborgen,
die alle unterschiedliche Knospen treiben. Von
einem jungen Mann namens Valerius Kuchen
erzählen sie, der den größten Teil eines Jahres
auf dem Dach verbringt – und doch am Ende
traurig ist. Von den Tücken eines fotografischen
Gedächtnisses und der Durchtriebenheit der
Musen. Seltsam sind ihre Blüten. Einige recken
sich märchenhafter Andacht entgegen, andere
ranken sich um Garstigkeit. Sie alle versuchen
dabei jedoch, ein wenig zauberhaft zu sein.
Willkommen im Garten der Ungewissen Lieder.

Michael Schweßinger
„In darkest Leipzig"
Von den seltsamen Sitten und Gebräuchen der
Lindenauer
Taschenbuch mit 104 Seiten
ISBN 978-3-939398-33-2; 7,95 €

Als ich 2004 für ein studienbegleitendes
Praktikum nach Afrika aufbrach, vermutete
ich noch, dass Fremdartigkeit und Exotik
notgedrungen in anderen Kulturen beheimatet
wären und ich mit jedem Flugkilometer diesem
Phänomen näher kommen könnte. Doch nicht
in der Weite jenes Kontinents sollte ich auf das
Gesuchte treffen, sondern die Fremde wartete,
nach meiner Rückkehr, mit bizarren Gesichtern
und unbekannten Sitten, direkt vor meiner
Wohnungstür, in Leipzig-Lindenau.

Ferner in der Edition PaperONE erschienen:

Miller
„Mein erstes Buch"
Satirische und humorvolle Texte
Taschenbuch mit 64 Seiten
ISBN 978-3-939398-15-8; 6,95 €

Endlich ist es so weit. Neben seinen Tätigkeiten als Schauspieler, Regisseur, Kabarettist, Moderator und „Chickenfreak", hat es Meister Miller geschafft, auch noch sein „Erstes Buch" aus dem rosa Ärmel zu schütteln. Den Leser erwartet ein drastischer Einblick in Millers zynisches Weltbild - vielschichtig und schonungslos, und doch von bösem Humor triefend und mit feinen Spitzen geschmückt. Nicht nur für Kenner seiner Shows.

Chickenfreaks
„Ihr Hühnerlein kommet,
zur Grippe her kommt..."
Die großen Erfolge der Chickenfreaks
Taschenbuch mit 68 Seiten
ISBN 978-3-939398-21-9; 6,95 €

Einem literarischen Kreuzzug gleichzusetzen, war der Auftritt der Chickenfreaks, welche 2005 erstmalig begannen, literarischen Sondermüll, Kultur, Politik, nie vorhandene Traditionen und mannigfache Bildungslücken in einer einzigen und neuartigen Wortmülldeponie zu vereinigen. Zahlreiche Stationen auf großen und namhaften Lesebühnen heimischer Kulturveranstalter ebneten das Pflaster für den Siegeszug animalischer Dichtkunst und promillehaltiger Prosa, die selbst den namhaftesten Vertretern der Pisa-Studie das Wasser reichen konnte. Humorvoll, ahnungslos, trashig, plauderhaft, nicht selten hochgradig alkoholisiert, brachten die Chickenfreaks ein neues kulturelles Leitbild auf den Weg, dessen kulturelle Ausuferungen in diesem Buch zusammengetragen wurden.

www.EditionPaperONE.de